Special C...

Contents

Postman 2

Lollipop lady 4

Police motor cyclist 6

Paramedic 8

Fire-fighter 10

Index 12

What does a postman wear?

What does a lollipop lady wear?

What does a police motor cyclist wear?

What does a paramedic wear?

What does a fire-fighter wear?

a
b
c
d
e
f
g
h
i
j
k
l
m
n
o
p
q
r
s
t
u
v
w
x
y
z

Index

 fire-fighter **10**

 lollipop lady **4**

 paramedic **8**

 police motor cyclist **6**

 postman **2**